ORIGINE DU LANGAGE.

ORIGINE DU LANGAGE

OU

RÉFUTATION DES ERREURS DU PHILOSOPHISME,

PAR

HENRI GERMAIN,

LICENCIÉ EN DROIT,

Membre non résidant de l'Académie Ebroïcienne.

Les langues n'ont pu naître et s'établir par des moyens purement humains. J.-J. ROUSSEAU.

L'homme pense sa parole avant de parler sa pensée. DE BONALD.

Rentrer dans le christianisme : Telle est la mission actuelle du 19e siècle. BALLANCHE.

FALAISE.

Imprimerie de LETELLIER, Grand'rue Trinité 57.

1842.

Le philosophisme, après avoir organisé sa propagande révolutionnaire des droits de l'homme, et répandu ses funestes doctrines parmi une population démoralisée, poussa le cri : LIBERTÉ ! et le peuple français se souleva comme les flots d'une mer en courroux : ou plutôt, semblable à une hiène féroce, il se rua contre d'innocentes victimes, fit rouler leurs têtes sur des échafauds, ou les massacra en masse dans les prisons, ou les fit périr dans les flots.

Mais comme le calme renait après la tempête, l'ordre se rétablit sur des monceaux de cadâvres, quand les monstres qui l'avaient détruit furent rassasiés de sang et lassés de crimes, sans que l'état intellectuel et moral que nous avait légué le philosophisme en fût amélioré. Les novateurs avaient inventé des systêmes pour détruire les convictions du christianisme. Tout fut de création humaine, le langage et la morale. La conscience ne fut plus qu'un instinct purement animal; la vertu un préjugé vulgaire de conservation sociale, dépourvu de la sanction des récompenses éternelles; et le crime heureux fut affranchi de la crainte des peines d'une autre vie.

La grammaire que Condillac avait publiée *pour l'instruction de la jeunesse*, est une des monstrueuses productions qui contribuèrent à corrompre l'esprit public. *Depuis des siècles, des préjugés grossiers fermaient les yeux à tout le monde,* * et Condillac, une des lumières de la propagande, s'était mis à l'œuvre pour éclairer le genre humain. Prétention commune à tous les hommes qui s'égarent, et

* Grammaire raisonnée de Condillac, Paris, chez Dugour, an VI de la république, page 1.

dont tous les efforts tendent à entraîner leurs semblables dans la fausse route où ils ne veulent pas rester isolés. — Voltaire cherchait la loi de Dieu * : comme si Dieu avait attendu la venue de cet impie pour révéler sa loi ; mais il avait débuté par exciter ses contemporains *à mépriser les horreurs du tombeau* — et de nos jours un chrétien apostat, au mépris des instructions de son divin Maître, prêche la révolte contre *Cesar*, et signale à la vengeance des peuples les puissances de la terre, qu'il revêt du manteau de l'infamie ! ** déplorable fruit de ses sympathies avec les éclectiques, rejetons avortés du siècle irreligieux. — Une autre école, qui est la honte de notre époque, abandonnée à tous les excès d'une imagination dévergondée, livre chaque jour à la publicité, pour servir d'aliment et de passe temps à la cu-

* Si je me suis trompé C'EST EN CHERCHANT TA LOI.

** Les paroles d'un croyant ne peuvent satisfaire logiquement ni le chrétien, parce qu'elles sont impies et condamnées ; ni le philosophiste, parce qu'elles sont publiées sous l'autorité des grandes vérités du christianisme.

riosité publique, le tableau brillamment élaboré des plus ignobles turpitudes, des plus horribles monstruosités des annales du crime, dégoutant spectacle d'immoralité.

Et s'ils n'ont pas contre Dieu même
Vomi quelqu'horrible blasphème,
C'est qu'ils ne le connaissent pas.

Répétons à notre tour que *l'homme s'agite et que Dieu le mène.* « Les cent voix » de la renommée proclament la réaction » large et puissante qui s'opère dans tous » les esprits contre la philosophie anti- » religieuse et libertine du 18me siècle * ». — L'impiété, naguère audacieuse, et qui avait pris pour mot d'ordre ÉCRASONS L'INFAME, n'insulte plus à la foi : ses rangs éclaircis attestent le triomphe de la religion, et la foule vient chaque jour encombrer les parvis de nos temples saints que naguère elle désertait **.

Plus les dangers que la civilisation a courus sont grands, et plus il importe

* Journal *le Temps*. Voyez les notes à la fin de ce livre.

** L'athéisme en déserts convertissant nos temples.

GILBERT, satyre du 18me siècle.

d'en prévenir le retour, et de prémunir les hommes contre les séductions de l'aveugle philosophisme. Dieu, dit Boiste, laissa le fanatisme et le philosophisme dominer quelques temps, pour que l'épouvantable monstruosité de leurs excès en inspirât une éternelle horreur. L'école de Condillac, * souleva la question de l'origine du langage pour briser les liens qui attachent l'homme à Dieu. Ce fut, pour ainsi dire, la seule porte qu'elle signala pour sortir du christianisme — mais cette porte ouvre sur un abyme! — Puissent nos faibles efforts concourir à en écarter les imprudens qui seraient tentés d'en franchir le seuil.

---

* Senza aver gran cognizione di Condillac e di Tracy li venerava come sommi pensatori.

SILVIO PELLICO.

ORIGINE DU LANGAGE.

Les philosophes de l'antiquité attribuèrent à Dieu l'origine du langage, et telle est encore la croyance générale parmi les peuples modernes.

Le chrétien dont la raison marche éclairée du flambeau de la foi, n'élève aucun doute sur cette intéressante question. Le témoignage authentique et irrécusable des écritures saintes nous apprend qu'Adam donna un nom à tous les animaux, *appellavitque Adam nominibus suis cuncta animantia;* et que les hommes, lors de la construction de la tour de Babel, parlaient la même langue, *ecce unus est populus et UNUM LABIUM omnibus.* De ce moment il y eut confusion du langage primitif, et ce fait est constaté par le nom même de *Babel* (confusion), *quia ibi confusum est labium universæ terræ.*

Moïse, que Bossuet appelle le plus sublime des philosophes et le plus sage des législateurs, est le premier des historiens : Moïse est le premier grand homme que je connaisse, disait lord Byron à Silvio Pellico. Plus rapproché des grands événemens qu'il raconte, ses écrits portent le caractère de la vérité et sont un des plus précieux monumens de l'antiquité. C'est, suivant l'expression de M. Bailly, la source la plus pure de l'histoire, et ses écrits ont fixé, d'une manière impérissable, les premières traditions, dont on retrouve chez tous les peuples des traces plus ou moins altérées par des fictions, par l'ignorance ou par les préjugés. Ce qu'il raconte sur la confusion des langues, dit Pluche, arriva environ huit cents ans avant lui, et toute son histoire tombait en poussière devant deux inscriptions *antérieures*, en deux langues différentes : « Un homme » qui agit avec cette confiance, trouvait » sans doute la preuve, et non la réfutation, » de ses dates, dans les monumens égyp- » tiens qu'il connaissait parfaitement. »

Le commencement* du monde est un fait attesté par la tradition de tous les peuples de la terre. Dans l'ancienne Egypte, dans la Chaldée, dans la Perse, dans les Indes, à Siam, à la Chine, au Japon, chez les anciens peuples du nord, enfin, dans l'ancienne Grèce, au Mexique, au Pérou, dans les Iles, cette tradition si ancienne et si étendue, n'est combattue par aucune autre tradition ; le fait est même de nature à n'avoir pu être inventé.

* Nouveaux essais de critique lus à l'Académie (1724).

Prœtereà, si nulla fuit genitalis origo
Terræ et cœli, semperque æterna fuére,
Cur superà bellum Thebanum et funera Trojæ,
Non alias alii quoque res cecinére poëtæ?
Quò tot facta. . . . .

LUCRETIUS. C. V. v. 325.

Cet Univers, dit-on, d'une essence divine,
Perd dans l'éternité son antique origine;
Et pourtant nul vestige à nos yeux retracé,
N'atteste que sur lui les siècles ont passé.
Eh quoi! de la vertu, des arts, de la victoire,
Nul poète inspiré n'éternisa la gloire?
Les malheurs d'Ilion et le sort des Thébains,
Révèlent les premiers les travaux des humains.
De plus antiques faits célébrant la merveille,
La lyre n'a jamais étonné notre oreille?
Oui, livré récemment à son fertile essor,
Aux jours de son printemps la terre touche encor.
Combien d'arts, en effet, sortent de leur enfance!
D'autres à l'instant même ont reçu la naissance.
Le pilote incertain, sur les gouffres amers,
N'usurpe que les bords de l'empire des mers.
Calculateur des sons, à peine le génie
A, par de doux accords, enfanté l'harmonie;
Il vient de fuir ce jour où du monde et des cieux
La science a sondé le sein mystérieux.
Que dis-je? dans ces lieux ma muse la première
A, sur ces grands objets, répandu la lumière.

Cependant il est des hommes qui, par un fanatisme irréligieux, méconnaissent la vérité dès que la religion la proclame : les livres saints font sur leur esprit le même effet que l'eau sur les hydrophobes ; il faut donc adopter d'autres moyens de combattre leur aveuglement, et nous leur dirons :

Dieu créa l'homme doué de raison et lui donna le discours pour l'exercice des organes de la parole. Rien au monde, où tout est borné et périssable, ne saurait être comparé à l'Intelligence infinie et immortelle dont la puissance est sans bornes. Comparons cependant, non pour exprimer une pensée convenable, mais pour rendre plus sensible une vérité : si les inventions humaines sont susceptibles de perfectionnement, la cause en est dans l'imperfection des auteurs, et pourtant toutes elles accomplissent leur but : l'instrument musical rend les sons pour lesquels il a été inventé. Supposera-t-on que l'artiste ait pu seul ignorer absolument le but de son invention ?

Or, Dieu a pu, a dû créer tout à la fois l'instrument et les sons, c'est à dire les organes et le langage dans un état de perfection. Toute idée contraire serait incompatible avec la puissance, àvec la raison de Dieu. Avec sa puissance, parce qu'en supposant même à l'homme (ce qui est inadmissible ainsi que nous allons le démontrer en réfutant les objections du philosophisme) la possibilité de créer progressivement une langue sans laquelle il ne peut s'établir de rapports entre lui et ses semblables, il aurait passé à faire et perfectionner cette découverte des siècles entiers, pendant lesquels il aurait été privé de l'usage de sa raison. Que dirait-on de l'homme qui refuserait une communication facile, dont pourrait dépendre les progrès de l'intelligence et le bonheur de la société entière ? existerait-il, dans toutes les langues des peuples, des noms assez odieux pour flétrir sa folle misanthropie ? et l'on oserait s'attaquer à Dieu par une pareille injure !...

Mais, dira-t-on, le langage des peuples se perfectionne graduellement. Oui, le langage *déchu*, pour s'exprimer ainsi, gâté, falsifié par les hommes à travers les siècles, est susceptible de régénération; mais reconquérir sa perfection primitive n'est pas en la puissance d'un être imparfait.

Pourquoi donc, dira-t-on encore, l'homme, *qui a inventé toutes les langues* qui sont répandues sur le globe terrestre, n'aurait-il pas découvert les premiers sons? Telle est l'objection que l'on fait vulgairement, sans capacité ou sans volonté pour approfondir un des sujets les plus importans de la philosophie.

Il y a deux réponses à cette étrange objection :

La première, c'est que *les langues* n'ont point été formées par *invention*, mais bien par *imitation* : c'est à dire qu'elles se sont transmises traditionnellement de génération en génération, avec les modifications, les altérations, les changemens introduits successivement par la distance des temps et des lieux, par les progrès ou par l'ignorance des peuples.

Impossibile est ullam in toto terrarum orbe existere linguam quœ non in aliquâ priore fuerit radiata. *

WATCHER.

Une découverte connue peut donner lieu, par imitation, à mille créations variées. Le langage est la cause première de la pensée, de la pensée dont l'existence et l'exercice ne sont que des effets ou conséquences du langage. L'homme, avec le secours d'une langue primitive, a donc pu en créer d'autres au moyen de variantes dans la combinaison des lettres de l'alphabet. C'est ainsi que les notes et l'harmonie ont produit les chefs-d'œuvre des Grétry, des Méhul, des Boyeldieu, des Rossini, des Mozart, des Haydn.

Si le langage eût été donné à l'homme avec abstraction de la pensée, il se serait transmis sans altération, de génération en génération, comme un effet instinctif qui, ainsi que le chant du rossignol, n'aurait pas été destiné à subir de modifications.

---

* Voy. note 2 à la fin du livre.

Nous devons donc admettre comme vérité incontestable que toutes les langues (la première exceptée) ont été formées par *imitation*. Mais gardons nous bien de confondre, comme Rousseau l'a fait lui-même, les mots *langue* et *langage*. Dieu a donné au premier homme *le langage*, dont la tradition *n'a pu être interrompue parmi ses descendans*, et à l'aide de laquelle ils ont créé les langues. Rousseau en parlant de l'impossibilité de créer *les langues* par des moyens purement humains, a voulu dire *le langage*, auquel par les seules lumières de la raison, il reconnaissait une origine divine.

La seconde réponse à l'objection par laquelle on suppose au *langage* une origine humaine, c'est que, dit l'article encyclopédique, « Si les hommes commencent
» par exister sans parler, jamais ils ne par-
» leront. Une langue est sans contredit la
» totalité des usages propres à une nation
» pour exprimer les pensées par la voix,
» et cette expression est le véhicule de la

» communication des pensées. Ainsi toute » langue suppose une société préexistante, » qui, comme société, aura eu besoin de » cette communication, et qui aura fondé » les usages qui constituent le corps de sa » langue. D'autre part, une société formée » par les moyens humains que nous pou- » vons connaître, présuppose un moyen » de communication pour fixer d'abord » les devoirs respectifs des associés, et » ensuite pour les mettre en état de les » exiger les uns des autres. Que suit-il de » là ? que si l'on s'obstine à vouloir fonder » la première langue et la première socié- » té par des voies humaines, il faut ad- » mettre l'éternité du monde et des géné- » rations humaines, et renoncer par consé- » quent à une première société et à une » première langue proprement dites : senti- » ment absurde en soi, puisqu'il implique » contradiction, et qu'il est démenti d'ail- » leurs par la droite raison et par la foule » accablante des témoignages de toute » espèce qui certifient la nouveauté du » monde. »

Court de Gebelin pensait aussi que *la parole est la base de la societé*, tandis que suivant le philosophisme la société serait la bâse, l'origine de la parole. C'est le principe renversé.

J.-J. Rousseau était CONVAINCU DE L'IMPOSSIBILITÉ PRESQUE DÉMONTRÉE QUE LES LANGUES AIENT PU NAÎTRE ET S'ÉTABLIR PAR DES MOYENS PUREMENT HUMAINS. * « La parole, a-t-il dit, est nécessaire pour établir l'usage de la parole. » Vérité reproduite énergiquement par cette phrase : « L'homme pense sa parole avant de parler sa pensée. »

En effet, l'homme ne peut jamais séparer ses idées des mots qui les représentent : la pensée est un langage intérieur, et les signes qui représentent le langage sont les auxiliaires inséparables de toutes ses méditations, sans lesquels, comme les animaux, il serait privée d'idées.

Rollin affirme que tous les philologues ont attribué à Dieu l'origine des langues, **

* Discours sur l'origine de l'inégalité parmi les hommes.

** Histoire ancienne. — Grammaire latine. Voy. note 2 à la fin du livre.

et l'abbé de Feller s'exprime ainsi sur cette importante question :

» Ces dissertateurs sur l'origine des langues feraient mieux de convenir avec J.-J. Rousseau, qu'il est impossible de concevoir comment d'eux mêmes les hommes aient pu se former un langage, et de reconnaître en conséquence avec Moïse une langue primitive que Dieu lui-même leur a donnée, et que les évènemens ont modifiée et altérée en mille manières différentes. Effectivement, dire que les hommes se sont fait un langage, c'est dire qu'ils se sont parlés avant d'avoir un langage, car il a fallu parler pour convenir que tel mot signifierait telle chose. Jamais des gesticulations mimiques n'eussent pu rassembler, moins encore faire recevoir un corps de grammaire. *Penser* et *parler* (dit un homme qui a porté au plus haut point l'art d'analyser les langues) sont liés inséparablement : *parler*, c'est pour ain-

» si dire penser extérieurement, et *pen-*
» *ser* c'est parler intérieurement. Le cré-
» ateur en formant les hommes raison-
» nables, leur donna ensemble les deux
» instrumens de la raison *penser* et *parler*,
» et si, ajouta-t-il, l'on sépare ce que le
» créateur a uni si étroitement, on risque
» de tomber dans des erreurs. »

Nous croyons avec M. de Bonald et avec Rousseau que l'homme pense sa parole avant de parler sa pensée; ou plutôt, que *penser* et *parler* sont les deux instrumens *inséparables* de la raison, et que l'exercice de la parole et de la pensée peut être simultané.

Dieu a tiré le premier homme du néant par sa volonté toute puissante, et il l'a rendu dépositaire de la vie des générations futures, qui ne se transmettra plus que par des moyens humains, sans que le miracle de la première création se renouvelle. — Il l'a créé homme avec une intelligence telle qu'on peut la supposer dans un être sortant tout formé des mains de Dieu. Il l'a doué du langage, ou si l'on veut, il lui a donné l'inspiration du langage, c'est à dire que l'homme a pu *penser* et *parler* par un nouveau miracle de Dieu; mais la parole ainsi que la vie ne se transmettra plus que par des moyens purement humains, sans que le miracle de l'origine du langage se renouvelle.

Lorsque Adam donna le nom à toutes les créatures sublunaires, on doit en conclure, dit M. Noël, * qu'il possédait au plus haut dégré la connaissance intime de tous les objets de la nature, de leurs propriétés et de leurs effets; connaissance que l'homme ne perdit pas tout-à-fait après sa chute, comme semble le prouver les noms des premiers patriarches.

Le don de la parole comme le don de la vie s'est arrêté au premier homme, que Dieu a rendu dépositaire de cette double existence. La première existence physique et la première existence intellectuelle, ou, si on le préfère, intelligen-

---

* Diction. hist.

tielle, ont été seules un don immédiat de Dieu : elles ne se transmettront plus, nous le répétons, que par des moyens humains. Prétendre que l'homme est capable d'acquérir par lui-même l'existence intellectuelle, est, pour ainsi dire, prétendre qu'il a la puissance de se créer lui-même. Le langage, comme le corps, a un développement progressif, et qui est le résultat des soins que l'enfant reçoit de l'homme qui jouit du plein exercice de sa raison. Otez le langage à l'homme, c'est le réduire à la condition de la brute.

Concluons de ce qui précède, qu'il est absurde de vouloir établir un système incompréhensible, sur des suppositions inventées à plaisir et inadmissibles, pour repousser une vérité proclamée simultanément par la saine raison, par le témoignage unanime des peuples, et confirmée par les livres saints.

DISCUSSION

Des aberrations du Philosophisme

SUR L'ORIGINE

DU LANGAGE.

» Les gestes, les mouvemens du visage » et les accens inarticulés, voilà les pre- » miers moyens que les hommes ont eus » pour se communiquer leurs pensées. Le » langage qui se forme avec ces signes se » nomme *langage d'action*. »

Tel est le début du livre de Condillac sur l'origine des sociétés et du langage. Tous les sophismes que pouvait suggérer le dévergondage du philosophisme, toutes les subtilités de cette école mensongère sont mises en avant pour démontrer que les hommes ont fait la première langue. C'est là le but des huit premiers chapitres de la *grammaire générale et raisonnée*.

Cependant on lit à la page 25 cette note bien remarquable : « Quand je parle » d'une première langue, *je ne prétends* » *pas établir que les hommes l'ont faite*, » je pense seulement qu'ils l'ont pu « faire. »

Sans cet aveu glissé dans une note, et destiné sans doute à passer inaperçu, on pourrait encore douter de la bonne foi du philosophiste ; mais il n'est plus possible de se méprendre sur ses intentions. Il a fait un livre *pour l'instruction de la jeunesse*, et ce livre est une production fantastique de son imagination, un leurre, une déception. Il abuse cette innocente jeunesse par des suppositions bizarres, contre lesquelles il n'a pris aucun soin de la prémunir. Pourquoi n'a-t-il pas débuté par l'aveu tardif et dissimulé que nous si gnalons? c'est une insigne mauvaise foi, c'est une déloyauté coupable, c'est un guet-à-pens moral. Et il ose intituler œuvre d'instruction pour la jeunesse, une œuvre de fourberie !

En effet, que devient après un tel aveu tout cet échaffaudage de « langage d'ac-
» tion suite de la conformation de nos or-
» ganes, d'accens inarticulés, de signes
» naturels et artificiels etc. etc. etc. »

Mais, dira-t-on, cet aveu laisse la question indécise. Je le veux pour un instant, et je répliquerai à mon tour : pourquoi composez-vous laborieusement un livre pour prouver une proposition qui, de votre propre aveu, doit rester sans solution. Car si l'homme n'a pas fait la première langue, c'est qu'il l'aura reçue de Dieu, et qu'il n'était pas créé pour la faire.

Nous allons exposer une à une pour les combattre vos absurdes hypothèses, qui ont servi de points de ralliement à la jeunesse de votre époque que vous avez égarée.

Langage

D'ACTION,

SUITE DE LA CONFORMATION DE NOS ORGANES,

(philosophisme.)

» Puisque le langage d'action est une
» suite de la conformation de nos organes,
» nous n'en n'avons pas choisi les pre-
» miers signes : c'est la nature qui nous
» les a donnés ; mais en nous les don-

» nant elle nous a mis sur la voie pour
» en imaginer nous mêmes. Nous pour-
» rions par conséquent rendre toutes nos
» pensées avec des gestes, comme nous
» les rendons avec des mots : et ce lan-
» gage serait formé de signes naturels et
» de signes artificiels (page 9). »

» La nature nous a donné nos premiers signes. » A merveille, monsieur le philosophe, mais permettez-moi quelques questions à l'égard de cette *nature* que vous nous vantez si libérale. Je m'inquiète d'abord de savoir comment elle nous a jetés sur la terre ; cette recherche, dont vous ne paraissez avoir nul souci, était digne cependant de fixer l'attention d'un des coryphées du philosophisme du 18me siècle ; mais votre superbe ignorance et surtout celle de la gent moutonnière que vous traîniez à la remorque, substituait aisément une cause imaginaire à des effets dont elle ne pouvait scruter l'origine.

Si le langage est une suite de la conformation de nos organes, si c'est la nature qui nous donne nos premiers signes, si nous pourrions rendre toutes nos pensées avec des gestes; tout cela doit s'entendre dans nos rapports avec nos semblables, et non dans les méditations intimes de l'homme avec soi même. En effet, la pensée est indépendante de l'action des gestes : elle s'exerce par le souvenir dans le désert comme au milieu des cités les plus populeuses, au sein de l'obscurité la plus profonde comme en plein jour. Cependant je lis page 61 : » nous ne savons par» ler aux autres, qu'autant que nous sa» vons nous parler : on se tromperait par » conséquent si l'on croyait que les langues » ne nous sont utiles que pour nous com» muniquer mutuellement nos pensées. » Or, s'il en est ainsi, le premier langage de l'homme a été le langage intérieur, intime, c'est à dire l'exercice de la pensée (et comment la pensée peut elle s'exercer sans le langage) ; les gestes, les signes, les cris etc. n'étaient donc pas nécessaires pour l'invention du langage. Ce n'est pas la seule contradiction choquante que nous aurons occasion de signaler.

« Ce langage qui vous parait à peine » *possible* a été connu des Romains. Les » comédiens qu'on appelait pantomimes, » représentaient des pièces entières sans » proférer une seule parole. Comment » donc étaient-ils parvenus à former peu » à peu ce langage ? (page 11) »

Ce langage ne paraît point *à peine possible*. Le langage des signes peut avoir la valeur du langage parlé. Il se forme par habitude et par invention, et l'invention devient elle-même une habitude et une convention. Ces mimes pour organiser leurs pantomimes avaient à leurs disposition le langage, la raison et la société; vous conviendrez qu'avec de semblables élémens toute impossibilité disparait et fait place à de simples créations, produites en partie par imitation des signes déja adoptés par l'usage dans le commerce des hommes, et en partie par des inventions d'analogie faciles à saisir, ou dont l'interprétation se fait par une étude suffisante. Les signes des mimes devenaient familiers au peuple Romain après qu'il les avait saisis ou étudiés, C'est ainsi que le langage des signes est compris de la famille au sein de laquelle un muet les reproduit tous les jours.

Mais nous ne pouvons trop répéter qu'il existait dans ces différens cas des élémens, seule cause possible des rapports entre les hommes. Brisez ces moyens de communication et vous réduisez l'état social au néant.

M. l'abbé de l'Épée a fait, dites-vous, du langage d'action un art méthodique? M. de l'Épée était doué d'une première langue, à l'aide de laquelle il a pu créer le langage d'action; c'était d'ailleurs un esprit supérieur, qui avait reçu la culture de l'éducation, et dont la haute pensée jouissait, pour nous exprimer ainsi, de son plein exercice.

Si les Romains à l'aide du langage parlé ont inventé un langage d'action, peut on en conclure qu'il existe un langage d'action antérieur au langage parlé, et indépendant du langage parlé? non sans doute, et vous avez été mal inspiré d'appuyer vos raisonnemens et vos principes sur des jeux particuliers aux romains, qui se sont reproduits, quoique d'une manière moins générale, chez les autres peuples : parce qu'ils sont une conséquence du langage, parce que les gestes viennent en aide au langage, et peuvent, par l'usage et après une longue étude, le suppléer ; mais présenter le langage comme une conséquence des gestes, c'est renverser les principes, c'est prendre l'effet pour la cause.

Les Romains sont, dans le langage de l'histoire, un peuple nouveau. Condillac devait-il descendre jusqu'à ces temps de moyen âge pour rechercher des traces de l'origine du langage? Ces traces, dans le système du philosophiste, ne devaient-elles pas exister, de plus en plus apparentes, en remontant vers les premiers siècles du monde? mais il aurait fallu transporter l'imagination par de là l'époque d'Homère, * dont les immortels écrits attestaient la perfection du langage parlé; par de là les temps dont Moïse a tracé l'histoire; par de là le déluge, dont toutes les histoires et toutes les langues affirment l'existence : il fallait nous dire si les Romains avaient reçu d'un autre peuple le langage d'action, nommer ce peuple, indiquer son origine, et justifier ainsi celle de ce prétendu langage d'action.

* Trois mille ans ont passé sur la cendre d'Homère,
Et depuis trois mille ans Homère respecté,
Vit jeune encor de gloire et d'immortalité.

LANGAGE NATUREL D'ACTION,

(philosophisme.)

» On peut distinguer, deux langages
» d'action : l'un naturel, dont les signes
» sont donnés par la conformation des
» organes........, à l'aide duquel on finit
» par décomposer et analyser la pensée,
» ce qui fait qu'il n'est bientôt plus un
» langage *purement naturel*, mais qu'il
» commence a devenir un langage artifi-
» ciel : l'homme finit par faire avec règle

» ce qu'il faisait auparavant par une suite » de sa conformation. (page 12) »

Qui ne serait tenté de répondre à de telles absurdités par un mot de plaisanterie : *se non è vero, è ben trovato.*

Condillac traite une des questions les plus ardues de la philosophie, l'origine du langage, avec une légèreté que rien ne pourrait égaler que sa suffisance. Sans s'embarasser de l'origine du genre humain il trouve *un langage naturel dans la conformation des organes* ; mais encore une fois il aurait bien dû nous dire sa pensée à l'égard de la création de l'homme et de l'origine des sociétés.

Ou l'homme et les animaux ont été créés par un Dieu tout puissant, ce qui, indépendamment des récits de Moise, est plus naturel, plus simple, plus d'accord avec la raison, quoique moins conforme à l'esprit de scepticisme du 18me siècle ; et, dans ce cas, Dieu a créé peu ou beaucoup d'êtres à la fois : ou l'homme a été le produit de la rencontre fortuite des atomes.

Dans cette seconde hypothèse, sur laquelle la raison ne permet pas d'arrêter long temps la pensée d'une manière sérieuse, tout serait également le produit du hasard ; le hasard a créé un premier homme ; le hasard a créé une première femme ; le hasard a formé les animaux, en les divisant par sexes ; le hasard a donné la raison à l'homme et l'instinct aux animaux : l'instinct, cette loi véritable de la nature, et dont les siècles ne détruiront jamais l'infaillibilité ; c'est le hasard qui a distribué les organes sexuels aux plantes, et qui préside d'une manière si merveilleuse à la fécondation, malgré la séparation et souvent l'éloignement des deux sexes ; le hasard a produit beaucoup d'autres miracles, tels que la création et l'barmonie des corps célestes — Mais enfin ces immenses enfantemens du hasard ont épuisé ses forces, et ils s'est trouvé tout à coup frappé de stérilité, après avoir organisé un ordre admirable dont la nature ne saurait plus s'écarter.

Cette suppositition gratuite qui confond la pensée, et répugne à la saine raison, est une des mille et une aberrations dans lesquelles l'esprit de révolte contre Dieu se plut à s'égarer. La philosophie matérialiste du 18me siècle se la dit à l'oreille par la honte de la publier ouvertement. * Elle préféra garder dans ses écrits un superbe silence sur l'origine de l'homme, pour échapper plus facilement à l'argumentation de ses antagonistes.

Les hommes, dirent ces insensés, sont nés pour vivre en société; doués de raison, ils reconnaissent la nécessité de s'entendre, de se communiquer mutuellement leurs pensées, d'organiser un état

---

* Vers 1820 un Journal, les Débats, je crois, dirigeait une critique sévère sur l'article *animal* d'un dictionnaire d'histoire naturelle où le mot *nature* remplaçait fréquemment celui de *Dieu* que l'auteur n'avait point employé dans la crainte de voir rejeter son article : C'est ce qu'il m'a affirmé à moi-même dans une conversation intime. Combien de progrès le sentiment religieux n'a-t-il pas fait depuis cette époque : » la réaction large et puissante qui s'opère dans tous les esprits contre la philosophie anti-religieuse et libertine du 18me siècle..... »

Journal le *Temps*, Septembre 1835.

social. *Le langage naturel d'action*, *dont les signes sont donnés par la conformation des organes*, lui donna les moyens de créer le langage artificiel.

Mais encore une fois la société humaine a eu un commencement, par la grande raison que l'enfant a son père, son grand père etc., jusquà ce qu'enfin, après avoir remonté le cours des siècles, nous arrivions à un auteur commun produit par le hasard ou par Dieu, à moins que l'homme et les créatures ne fussent éternels, ce qui serait le plus incompréhensible des miracles. L'homme, créé par le hasard, offrait à la folie du siècle antireligieux un moyen de méconnaître Dieu, de secouer le joug de l'obéissance, de se livrer à l'action des passions *en méprisant les horreurs du tombeau*.

Eh bien donc, messieurs les philosophes, j'accepte le monde tel qui vous plaira de le créer; mais il serait temps de formuler vos croyances pour qu'on puisse les saisir, et vous combattre sur un terrain donné. Or, je défie l'esprit le plus subtil et le moins disposé à la critique de découvrir quelle a été, sur l'origine de la société humaine, la pensée de M. Condillac, l'inventeur des langues. Je suis donc forcé de supposer une ou plusieurs sociétés d'hommes, créés on ne sait comment, venant on ne sait d'où, vivant ensemble on ne sait de quelle manière, mais *jouissant du langage naturel d'action dont les signes sont donnés par la conformation des organes*, dont M. Condillac le gratifie généreusement : oui je veux croire en ce langage, ou plutôt en Condillac, trop honnête homme sans doute pour avoir voulu tromper la jeunesse pour l'instruction de laquelle il a composé son livre. Mais tout en humiliant mon ignorance devant sa profonde philosophie, je me permettrai une légère question à l'exemple de ce garde chasse qui rencontra un acteur tragique fameux sur les domaines du roi : de quel droit monsieur ose-t-il...?

Du droit qu'un esprit vaste et ferme en ses desseins
A sur l'esprit grossier des vulgaires humains.

Cette sentence débitée d'un ton emphatique parut d'abord satisfaire le pauvre garde chasse frappé d'étonnement; mais il se ravisa bientôt et courant après le délinquant : » vous plairait-il, monsieur, » d'exhiber votre port d'armes ? »

J'avoue que cette sentence du pédagogue : *le langage naturel d'action dont les signes sont donnés par la conformation des organes* est bien propre à surprendre *l'esprit grossier des vulgaires humains ;* mais je demanderai au savant qui l'a inventée : où avez-vous étudié *le langage naturel d'action* ? Il n'existe pas et ne peut pas exister dans la société organisée. Elle jouit du langage articulé, ou du langage des signes, mais ce dernier est une création secondaire subordonnée à l'existence du premier. Il n'est point naturel, mais artificiel.

La société existe en vertu des rapports que le langage et la pensée, fille du langage, ont établis entre les hommes. Nous avons démontré que si les hommes commencent par exister sans parler, jamais ils ne parleront, et qu'une société première ne peut exister sans un moyen de communication.

L'homme élevé au milieu de la société organisée, de la société jouissant du langage et de la pensée, le muet même ne contractera point *un langage naturel d'action*, son langage sera tout artificiel et d'imitation, sous l'influence de l'éducation de famille, hors de laquelle il n'est compris par aucun étranger. Le muet, lors même qu'il vivrait avec ses parens dans un espèce d'idiotisme sans aucune éducation d'école, reçoit naturellement l'éducation de famille : il est l'objet des caresses ou des châtimens, il excite des signes de joie ou de mécontentement, il est introduit et maintenu dans l'ordre social : c'est, en un mot, l'enfant de la société et non celui de la nature. Or, il ne saurait exister dans la société un langage naturel d'action.

Mais, dira-t-on, il existe des signes naturels pour exprimer la joie ou la douleur. Oui, sans doute, et ces signes sont communs aux hommes et aux animaux; mais ces signes ne donneraient pas plus à l'homme qu'aux animaux les moyens de créer le langage. Il ne vous sera et il ne peut jamais vous être donné, philosophes présomptueux, d'étudier l'homme de la nature; et toutes vos théories sur *le langage naturel d'action* croulent par l'impossibilité de les établir sur des principes certains, ou sur des observations réelles. Les sauvages du désert sont eux-mêmes formés par l'éducation de famille et de société; et ce nom de sauvages et de barbares dont les Grecs et les Romains se servaient envers les étrangers, ne leur fut donné que parce qu'ils n'avaient point atteint encore l'état de civilisation.

Non, le premier langage ne nous est point donné par la conformation de nos organes; et Condillac, en énonçant une pareille hérésie, a seulement voulu abuser *l'esprit grossier des vulgaires humains*.

C'est donc en vain qu'il prétend « avoir » fait connaître les principes d'après les» quels nous parlons le premier langage » qui nous est donné par la conformation » de nos organes, » puisqu'il n'a fait que lancer cette thèse à la crédulité publique comme un fait sur lequel on serait d'accord, sans aucune preuve, sans aucune démonstration, sans l'appuyer sur aucune autorité. Or, quelque soit le mérite de Condillac, je ne saurais croire à son infaillibilité absolue; et je suis d'autant moins disposé à soumettre ma raison à ses étranges innovations, que nous le verrons bientôt professer des opinions en opposition avec les idées généralement reçues, et avec le sens commun.

» Si nous sommes conformés pour par-» ler le langage d'action, nous le sommes » également pour parler le langage des » sons articulés; mais ici *la nature nous* » *laisse presque tout à faire;* cependant » elle nous guide encore. C'est *d'après son* » *impulsion* que nous *choisissons* les pre-» miers sons articulés.... on se trompe » donc lorsqu'on pense que, dans l'origine » des langues, les hommes ont pu choisir » indifféremment et arbitrairement tel ou » tel mot pour être le signe d'une idée; » en effet, comment avec cette conduite » se seraient-ils entendus? » page 20.

On aurait pu s'imaginer qu'en faisant

des progrès dans la tâche immense qu'il s'est imposée, le grand précepteur du genre humain éprouverait des embarras, reconnaîtrait des difficultés, manisfesterait des hésitations : tel n'est point l'esprit du philosophisme.

Dieu, dont ils veulent bien quelques fois par condéscendance avouer l'existence, * a jeté l'homme sur la terre, ou permis sa création d'une manière quelconque, et lui a laissé le soin hérissé de difficultés (si M. Condillac ne se fût pas rencontré là pour les aplanir) d'inventer le langage, seul moyen de communication entre lui et ses semblables.

Mais Dieu a doué les animaux d'un instinct infaillible : il aurait donc manifesté à leur égard sa prédilection dans la distribution libérale de ses faveurs ; car

* O Dieu ! qu'on méconnait, ô Dieu ! que tout annonce,
Entends les derniers mots que ma bouche prononce :
Si je me suis trompé, c'est en cherchant ta loi,
Mon cœur peut s'égarer, mais il est plein de toi.

VOLT.

l'homme au contraire aurait été pendant des siècles privé de langage, et par conséquent d'idées : sans aucun moyen d'établir des rapports sociaux ; vivant et mourant dans une condition inférieure à celle des animaux ; jusquà ce que M. Condillac eût inventé d'abord *le langage naturel d'action*, et ensuite, celui des sons articulés. peut-être au reste, a-t-il supposé que l'instinct des animaux s'est perfectionné par l'usage. Cette pensée, dont nous lui faisons hommage, serait un moyen de tout concilier ; mais revenons à son histoire du langage, et tâchons de nous élever à la *hauteur* de son génie.

———

» La nature nous laisse presque tout à » faire dans l'invention du langage des sons » articulés, et cependant elle a des mots » particuliers, sacramentels qui sont le » signe des idées. »

Gardons nous de découvrir la moindre contradiction dans l'énonciation de ces idées : nous devons soumettre notre raison à celle des philosophes, hommes profondément instruits, et auxquels nous devons tenir compte des difficultés, qu'ils ont dû rencontrer dans la mission qu'ils se sont distribuée de reconstruire, sur des bases nouvelles, les systêmes du monde. *

---

* Pour se convaincre combien les mots sont peu arbitraires, il faut lire le traité de la formation mécanique des langues, *ouvrage neuf*, ingénieux.... Note de Condillac, page 23.

La nature laissait aux hommes tout à faire ; mais ils ne pouvaient choisir arbitrairement tel ou tel mot. Il y a bien ici une contradiction choquante, aux yeux *des vulgaires humains :* mais elle n'est qu'apparente.

Si je disais à mon fils : raconte-moi une histoire de ton invention ; que ce soit l'œuvre de ton génie, de tes inspirations. Cependant, comme une histoire ainsi conçue par un enfant pourrait offrir des idées incohérentes, et n'avoir pas le sens commun, tu l'inventeras et la raconteras telle qu'elle est écrite dans ce livre, dont l'auteur est un savant d'un mérite transcendant.

L'enfant, dans la simplicité de son âge, ne me comprendrait certainement pas, et sans s'embarrasser de la contradiction apparente qui existerait pour lui dans la manifestation de ma volonté, il prendrait le livre que je lui présente, à l'aide duquel il copierait son histoire telle qu'elle aurait déjà été inventée par un homme de science supérieure à la sienne.

Ainsi firent les hommes pour la plus grande justification des principes du philosophisme : ils découvrirent les mots que la nature leur laissait le soin d'inventer, mais qu'elle leur suggérait pour leur éviter l'embarras du choix, et la confusion ; c'est-à-dire qu'ils parlèrent la langue dont leurs pères attribuaient l'invention à Dieu.

Condillac aurait bien permis à l'homme l'invention absolue du langage, sans recevoir l'inspiration *de la nature ;* ce qui eût paru moins miraculeux, et par conséquent plus propre à rassurer la susceptibilité philosophique ; mais là, se présentait une difficulté qu'il était impossible de dissimuler. En effet, chaque homme aurait inventé une langue à sa manière, pour son usage particulier, et c'eût été créer par anticipation la confusion de la tour de Babel.

Le grand précepteur des hommes n'a pas voulu les laisser exposés aux plus inquiétantes perturbations : il a pressenti les objections de la critique, et en homme d'un sentiment aussi délicat que conciliant il décide :

» Que pour faire connaître les sentimens
» qu'on éprouvait, on avait conservé dans
» les mots les accens même de chaque sen-
» timent..... qu'on avait essayé de tracer
» des images sensibles avec des mots (d'où
» les onomatopées)...... que L'ON TROUVERA
» sans doute plus de difficulté à peindre
» les autres objets (ceux qui ne font pas
» quelque bruit); que cependant il fallait
» les peindre, et qu'on avait plusieurs
» moyens.

» Premièrement, l'analogie qu'a l'or-
» gane de l'ouïe avec les autres sens, four-
» nissait *quelques couleurs* grossières et
» imparfaites qu'on aura employées.

» En second lieu, on trouvait en-
» core des couleurs dans la douceur et
» dans la dureté des syllabes, dans la ra-
» pidité et dans la lenteur de la pronon-
» ciation, et dans les différentes inflexions
» dont la voix est susceptible, pages
» 21, 2. »

Voilà, mon cher lecteur, comment *l'analogie a guidé les hommes, quoiqu'à leur insçu, dans la formation des langues*, et si par hazard votre intelligence bornée ne trouvait pas dans cette explication une clarté suffisante; si votre raison n'avait pas toute la maturité désirable pour apprécier les sentimens que les hommes éprouvaient lorsqu'ils étaient en travail d'une langue, pour comprendre comment ils ont pu *conserver dans les mots les accens mêmes des sentimens;* pour saisir enfin *les couleurs grossières que fournissait l'analogie qu'a l'organe de l'ouïe avec les autres sens, ou les couleurs des inflexions de la voix*, le témoignage infaillible du philosophisme est là pour vaincre votre répugnance, pour détruire vos incertitudes : abaissez votre ignorance devant la haute sagesse d'un de ses coryphées, et à l'exemple des disciples de l'ancienne Grèce, qu'il vous suffise que *le maître l'ai dit.*

Peut-être, direz-vous, lecteur : si le langage des sons articulés est naturel et forcé, pourquoi n'aurait-il pas existé *naturellement* et *simultanément avec le langage naturel d'action*?

J'aurais bon nombre de réponses à faire à cette question en parodiant l'acteur tragique ci-dessus mentionné, je me contenterai de vous dire que Condillac n'a pas voulu qu'il en fût ainsi, on n'a pas cru cela nécessaire. Pouvait-il d'ailleurs admettre les croyances reçues? non certes, il fallait créer un système à soi, un système nouveau, *un ouvrage neuf, ingenieux*, (page 23), et c'est ce qu'il a fait aux applaudissemens du philosophisme matérialiste.

Il semble trahir par un seul mot les embarras de son invention, quand après avoir peint cette histoire du langage en employant le verbe au *temps passé*, il continue par un *futur*, pour manifester les difficultés que *l'on trouvera* à peindre les objets que le langage ne rend pas par les sons imitatifs. Il semble dire à ses disciples : — garde à vous, sur ce point ! soyez-moi en aide ; mais je vous avertis le plus indirectement possible que *vous trouverez* (ce que, malgré toute ma bonne volonté, je n'ai encore pu découvrir moi) quelque bonne raison pour induire en erreur l'esprit grossier des vulgaires humains.

Les premiers noms étaient représentatifs sans représenter. — Les hommes se trompaient, et voilà pourquoi ils s'entendaient.

(philosophisme.)

» Il y a des philosophes qui ont pensé » que les noms de la langue primitive ex- » primaient la nature même des choses. » Ils raisonnaient, sans doute, d'après des » principes semblables à ceux que je viens » d'exposer, et ils se trompaient. La cause » de leur méprise vient de ce que *ayant » vu que les premiers noms étaient repré- » sentatifs, ils ont supposé qu'ils repré- » sentaient les choses telles qu'elles sont.* » C'était donner gratuitement de grandes

» connaissances à des hommes grossiers qui » commençaient à peine à prononcer des » mots. Il est donc à propos de remar- » quer que, lorsque je dis qu'ils représen- » taient des choses avec des sons articulés, » j'entends qu'ils représentaient d'après » des apparences, des opinions, des pré- » jugés, des erreurs; mais *ces apparences,* » *ces opinions, ces erreurs étaient com-* » *munes à tous ceux qui travaillaient à la* » *même langue*, *et c'est pourquoi ils s'en-* » *tendaient*. page 22. »

Les philosophes dont vous parlez, mon cher précepteur, étaient sans doute versés dans la connaissance des langues anciennes, et surtout de la langue des Hébreux, si riche en harmonies, en tableaux. Chaque mot était l'image, la peinture fidèle de l'objet représenté.

Nous allons réfuter le sophiste que nous venons de citer, dont les abstractions, les rèveries, les inconséquences se font remarquer à chaque page. Nous avons rapporté textuellement les opinions qu'il critique d'une manière si frivole, si légère, si superficielle : nous ferons de nouvelles citations dans les notes, à la fin de ce livre.

L'opinion des savans cités, prise même individuellement, est d'une grande valeur comparée à celle de Condillac. Ils ne se sont point embarrassés de bâtir un système d'invention sur les langues. Ils les ont étudiées toutes créées ; ils ont été frappés des rapports qui existaient entre la *nature* et *les noms* des choses; ils ont remarqué que les noms étaient comme le miroir qui réfléchissait les choses dans la pensée ; que plus on remontâit vers l'origine des nations, plus ce miroir était pur et fidèle ; que la richesse des langues modernes est en proportion des rapports qui existent entre les noms et les choses ; que les mots sont l'image, la peinture, le tableau des choses, et que le plus grand mérite d'un tableau est de représenter fidèlement la nature. Telle est l'opinion généralement reçue.

Trop occupé de la création de son système, le grand précepteur n'a point médité ces vérités. Selon lui les premiers noms étaient *représentatifs*, sans représenter les choses telles qu'elles sont, c'est-à-dire bien littéralement, et en nous répétant, que les noms *représentaient sans représenter*. C'est-à-dire encore, que nos zélés philosophes exécutent les tours d'esprit, aussi facilement que les acrobates les tours de force.

C'est en raisonnant d'après des principes conformes aux siens, dit-il, que ce sont trompés les philosophes qui ont pensé que les noms primitifs exprimaient la nature même des choses. Nous lui accordons sans peine que l'on puisse se tromper en raisonnant d'après ses principes. Mais il est faux que l'opinion qu'il mentionne ce soit formée sur les suppositions gratuites qu'il appelle ses principes. Cette opinion est aussi ancienne que le monde, et elle s'est propagée par la tradition de génération en génération : *æternum verbum cum verbo omnia formâsset*, *verba item formavit rebus singulis accommodata, quæ nomina simul et* NATURAS *denotarent; et tam arctam inter res et verba* CONNEXIONEM *instituit, ut ex nomine, ad suam originem reducto,* NATURAM *simul et nominis rationem sive etymologiam primævis hominibus invenire, nullo negotio liceret.* fr. de Sacra Quercu.

Cette opinion était celle de Platon, qui distingue deux sortes de mots : les *primitifs* qu'il attribue à Dieu, et *ceux* de l'invention des hommes. Rollin, comme nous l'avons dit, remarque que tout les philologues ont attribué à Dieu l'origine du langage.

Les mots dont la propriété commune est la désignation des choses, ont un plus noble attribut que l'étymologie nous révèle, et qui leur donne une nouvelle existence, une nouvelle vie. Ils ont deux valeurs, l'une externe ou vulgaire, l'autre interne ou savante, qui a pour objet la *qualification* des êtres, et qui est pour la pensée un tableau, une image expressive : *Christ* n'est plus simplement le nom du fils de Dieu, c'est *l'oint* du Seigneur; *Eve* est ainsi appelée, *eo quod mater esset cunctorum viventium* *; *Abraham* signifie le père d'une nombreuse postérité, *appellaberis Abraham quia patrem multarum gentium constitui te;* ** Jacob prend le nom d'*Israel* parce qu'il doit PRÉVALOIR contre les hommes, *quoniam si contra Deum fortis fuisti, quantò magis contra homines prævalebis? Hercule*, signifie *gloire de la terre; Chrysostôme, bouche d'or, etc.... in verbis veritas est conformitas cum rebus.*

» Il ne faut pas donner gratuitement de
» grandes connaissances à des hommes
» grossiers, qui commençaient à peine à
» prononcer des mots. »

Mais c'est en parlant de ces hommes, encore au début *du langage d'action qui*

* Gen. III, 20.

** Gen. XVII, 5.

commence à devenir langage artificiel, que vous avez dit : » quelque grossière » que soit cette analyse, elle est le fruit » de *l'observation et de l'étude*. Le langage » d'action qui l'a fait n'est donc plus un » langage purement naturel. Ce n'est pas » une action qui, obéissant uniquement à » la conformation des organes, exprime à » la fois tout ce qu'on sent. C'est une ac- » tion *qu'on règle avec art*, à fin de pré- » senter les idées dans l'ordre successif le » plus propre à les faire concevoir d'une » manière distincte ; et par conséquent, » aussitôt que les hommes commencent à » décomposer leurs pensées, le langage » d'action commence aussi à devenir un » langage artificiel. »

Qu'entendez-vous par un homme grossier *capable d'observation et d'étude*, qui agit *avec art*, pour présenter ses idées avec l'ordre le plus propre à les faire concevoir distinctement, quoique à l'a b c d'une langue ? Cet homme serait de nos jours le type d'un grand génie, capable de briller parmi nos logiciens et nos rhéteurs. Il y avait sans doute un cerveau bien développé dans les têtes de ce temps-là, et nous devons beaucoup regretter qu'elles n'aient point été conservées jusqu'à nos jours dans l'intérêt des expériences cranologiques.

N'allez pas toutefois supposer, ami lecteur, qu'ils fussent exempts *de préjugés* et *d'erreurs*. Non sans doute, *errare humanum est*. Ils représentaient les choses comme ils les voyaient à travers ces préjugés et ces erreurs *qui » étaient communes » à tous ceux qui travaillaient à la même langue.* » Il était indispensable qu'ils se trompassent de la même manière, quand ils se trompaient, et il paraît qu'ils se trompaient toujours : car cessant cette communauté d'erreurs, ils ne seraient jamais parvenus à s'entendre, comme nous l'avons déjà dit.

Peu satisfait de ma réponse, vous viendrez probablement me harceler par votre argumentation indiscrète : comment, direz-vous, — des hommes qui choisissaient les premiers sons articulés d'après l'impulsion de la nature, et qui ne pouvaient choisir indifféremment et arbitrairement tel ou tel mot pour être le signe d'une idée, par la grande raison qu'ils n'auraient pu s'entendre; qui avaient été obligés de conserver aux mots les accens de chaque sentiment; qui étaient guidés naturellement, quoique à leur insçu, dans la formation des langues par l'analogie; comment; avec de telles restrictions naturelles, a-t-on formé des langues différentes à Athènes, à Rome, à Londres, à Paris. Les mêmes causes doivent produire les mêmes résultats. Comment a-t-il pu se faire que *l'impulsion de la nature* n'ait pas été la même pour les Héllènes et les Latins, les Anglais et les Français, et pour un bien plus grand nombre de peuples divers? Pourquoi tous n'ont-ils pas conservé aux mots *les mêmes accens* de chaque sentiment? Comment l'analogie pouvait-elle *guider* d'une manière à Athènes et d'une autre manière à Londres ou à Pékin ? Comment, encore une fois, *cette nature*, dont les premières nations reçurent l'impulsion, inspirait-elle si régulièrement, si uniformément, *tous* les hommes d'un même pays ; et si diversement, si bizarrement les nations séparées les unes des autres ?

Veuillez bien vous convaincre, lecteur indiscipliné, que la mission du philosophisme était de détruire *les anciens préjugés*, de créer une école nouvelle, et de douer l'homme d'une liberté plénière. Assez et trop long-temps, Dieu, ou si l'on veut la religion avait posé des limites à l'accomplissement de sa volonté souveraine ; le peuple Français, travaillé de longue main par une secte éclairée, se souleva libre et fier : il décréta, pour la forme, l'existence de l'être suprême ; mais avec des conditions qui fûrent une garantie de la jouissance de ses droits. C'est ainsi que le dimanche fut aboli ; que les décades furent instituées ; que Marat et Robespière s'immortalisèrent !....

Eh bien donc la nouvelle invention du langage est un problême philosophique dont vous n'avez pas compris la solution. d'abord c'était le premier et le plus important des problêmes, et vous devez tenir compte au philosophisme des difficultés qu'il a rencontrées pour l'établir. Il fallait que les hommes d'un mêms pays reçussent *une même impulsion de la nature, et qu'ils travaillassent, non arbitrairement*, mais régulièrement à la formation de la même langue, c'était là la condition *sine quâ non* du succès ; c'était à prendre ou à laisser. Alors tous les peuples reçurent *séparément* les impulsions de la nature, et s'aidèrent comme Condillac l'a démontré d'une manière si lumineuse ; mais les peuples n'avaient nul besoin de s'entendre entre eux. Il importait peu à l'empereur de la Chine que le grand Turc baragouinat un autre langage que le sien, et il laissa la nature donner à un peuple qui n'était pas sous son empire une impulsion différente, mais uniforme parmi les enfans du koran : et voilà, mon cher lecteur, pour quoi les peuples ne sont pas muets, et pourquoi ils ne parlent pas tous la même langue, ce qui eût été par trop monotone.

Vous me demanderez peut-être pourquoi les apparences, les opinions et les erreurs sont communes à tous les hommes d'une même contrée, et pourquoi elles sont si variées dans les différentes parties du monde.

Je vous répondrai que le philosophe Condillac n'a pas prévu l'objection, ou n'a pas jugé convenable de la réfuter; qu'il y aurait de la témerité à scruter les secrets du philosophisme; que de semblables bagatelles ne doivent point empêcher notre conviction de se former à la lecture de ses écrits; et qu'enfin, d'après le système perfectionné du langage, il fallait qu'il en fût ainsi. En effet :

Les langues sont différentes : donc, dit le philosophisme, chaque langue a son origne.

Une langue forme un ensemble de combinaisons harmonieuses; donc, l'harmonie a présidé à l'invention des langues.

Mais cette harmonie ne pouvait exister parmi des hommes grossiers et ignorans, privés du langage : donc la *nature* les guidait à leur insu.

Mais enfin, la nature est *une*, et les langues sont variées à l'infini : donc, la nature est une pour chaque localité seulement.

Si la France cultive la vigne et le pommier, les Indes récoltent l'ananas et les cannes à sucre : donc, la *nature* a pu *inspirer* des langues différentes, comme elle fait naître des plantes particulières à chaque climat......

Et l'on oserait resister à une pareille

argumentation! et le siècle ne s'incline pas devant la logique écrâsante de ces dialecticiens qui ont dit à l'homme : » marche dans ta force et dans ta liberté, » quand même ». *ô tempora !*.....

Je ne sais pourquoi, lecteur, je me persuade, que mes explications sur le systême perfectionné du langage n'ont point éclairci tous vos doutes; que mes interprétations ont été insuffisantes pour dissiper les ténèbres qui environnent ce sujet important. Je veux donc mettre au grand jour la pensée du philosophe qui a inventé l'histoire du langage, histoire dont je fais l'analyse pour votre instruction.

Vous n'avez pas bien compris des peuples différens, travaillant, chacun de son côté, à une langue différente. Une simple comparaison rectifiera vos erreurs, excitera votre admiration, et vous forcera à partager notre enthousiasme pour le célèbre inventeur du langage.

SIMPLE HISTORIETTE,

JUSTIFICATION

Du système philosophique.

Supposons la terre peuplée seulement de vingt mille habitans, que nous diviserons ainsi : 5000 à Athènes ; 5000 à Rome ; 5000 à Paris ; 5000 à Londres. Ces vingt mille premiers habitans (y compris quelques femmes pour la variété, quoique leurs rapports avec ces muets nous causent bien quelque embarras) sont privés du langage des sons articules.

Les influens, les chefs, car il y a toujours parmi les hommes, et il se rencontre même parmi les animaux, des individus qui exercent sur leurs semblables une influence d'intelligence ou d'instinct, d'energie, de force, de puissance, les orateurs enfin rasssemblent les colonies au grand complet de cinq mille dans les lieux que je viens d'indiquer, et leur parlent en ces termes :

— *Mes bons camarades, nous vivons comme des princes de nos récoltes et de notre chasse.* * *Dieu, dont la bonté est infinie, nous a laissé naître sur la terre, je ne sais trop comment, pour notre plus grande satisfaction : pour nous, il a créé les animaux et doté la terre de ses riches*

---

* En persiflant, sous le voile de l'ironie, le fou système de Condillac, nous ne dissimulons aucune des absurdités dont il fourmille. Les premiers habitans de la Grèce, si rapprochés du premier âge du monde, se nourrissaient de gland, comme certains pays de châtaignes, il est vrai ; mais ils avaient le langage, et les autres avantages de l'état de société.

moissons. Nous jouissons de ses dons avec toute la sagesse imaginable : si l'ordre et la paix règnent parmi nous, c'est un miracle de sa providence, que sur ma foi je ne comprends guère. Nos dames sont humaines, et tout s'arrange avec elles le mieux du monde, sans contrat, sans rivalités, quoique nous ne soyons que des hommes sortis grossiers des mains de la Nature. — Dieu a donné un chant mélodieux aux petits oiseaux, mais il nous a refusé le langage parlé à nous : ce qui eût été pourtant une admirable source d'idées, et un merveilleux moyen de communication entre nous. Ce refus est vraiment une lacune dans la distribution des faveurs de la providence. — Dieu est tout puissant, chers camarades : je suis fort aise de vous l'apprendre, dans le cas où vous pourriez l'ignorer : s'il a créé l'homme (ce qui a pu arriver dans le cas où les premiers hommes ne se seraient pas créés seuls) avec les organes propres au langage des sons articulés, il aurait pu lui accorder simultanément et instinctivement la parole et la pensée, qui paraissent ne pouvoir exister l'une sans l'autre, et que l'homme aurait transmises à ses descendans; c'était encore le seul moyen d'établir des rapports de soumission entre la créature et son auteur, à qui il semblait juste qu'elle adressât ses adorations en témoignage de reconnaissance. Mais il paraît qu'après l'invention de l'instrument, il a oublié qu'il devait rendre des sons à moins de recherches laborieuses, pendant des siècles entiers, pendant lesquels les hommes traverseraient l'existence sans lois, sans morale, sans religion; vivant à la manière des brutes dans le seul intérêt des générations à venir, qui dans un dévouement aussi généreux que spontané, mais tardif, leur donneraient des leçons de langage.

— Encore une fois c'est un grand oubli, une grande lacune, une injustice enfin envers les premières générations; et *et nous sommes appelés à la réparer. Mettons-nous à l'œuvre, travaillons sans relâche* **AVEC ART**, *d'après nos observations. Nous avons le* LANGAGE D'ACTION *formé par des gestes, des mouvemens du visage et des accens inarticulés, seul moyen de nous communiquer nos pensées (page 6), et dont l'élégance est dans les mouvemens du visage et principalement dans ceux des yeux (page 7); nous avons en même temps les cris, qui sont les accens de la nature, et que l'on nomme inarticulés (page 7). — Nous sommes des animaux d'une même espèce, conformés de la même manière, et entre lesquels il y a un plus grand commerce d'idées (page 8); notre langage d'action, d'après la conformation de nos organes, est naturel et cependant tous nous avons besoin de l'apprendre (page 9). — La nature nous a donné les premiers signes du langage d'action, et nous a mis sur la voie pour en imaginer d'autres artificiels, et non pas* ARBITRAIRES, CE QU'IL FAUT BIEN SE GAR[illegible] DE

CONFONDRE, DONT LE CHOIX EST FONDÉ EN RAISON *(page 10), car l'analogie qui nous fait la la loi ne nous permet pas de choisir les signes au hazard et arbitrairement (page 11). — Dans notre langage des signes naturels, l'action fait un tableau fort composé, car elle indique l'objet qui nous affecte, et en même temps elle exprime et le jugement que nous portons, et les sentimens que nous éprouvons; il n'y a point de succession dans nos idées (page 13); parce que nous ne parlons encore que le langage des idées simultanées (page 14). Eh bien, décomposons notre langage d'action; substituons des mouvemens successifs à des mouvemens simultanés; et nous décomposerons et analyserons naturellement nos pensées par l'invention de nouveaux signes analogues aux signes naturels;* CHOISISSONS *ensuite, d'après les* IMPULSIONS *de la nature, de premiers sons articulés; et nous en inventerons d'autres d'après l'analogie, à mesure que nous en aurons besoin.*

Ce discours fut écouté par la foule ébahie avec une religieuse attention, et les ouvriers se mirent à l'œuvre sans désemparer.

C'est alors que *le commerce d'idées* se fit en grand parmi nos grossiers ancêtres, avec un zèle admirable (qui doit exciter chez nous la reconnaissance la mieux sentie, puisque nous devions recueillir plus tard le fruit des efforts de leur intelligence) : ils se livrèrent à l'étude du langage d'action, *qui a besoin d'être appris*, *quoiqu'il soit naturel*; c'est alors qu'ils s'appliquèrent à ne pas confondre les signes *artificiels* avec les signes *abitraires*; qu'ils étudièrent la loi de l'analogie; qu'ils *choisirent*, *d'après les impulsions de la nature*, les premiers sons articulés, etc., etc., etc.

A Athènes, ils aperçurent un animal, et *sentant le besoin d'un mot*, ils prononcèrent *hippos*, comme *le plus propre à représenter cet animal qu'ils voulaient faire connaître.*

C'est ainsi qu'ils nommèrent la mer PELAGOS ; le ciel, OURANOS; l'homme, ANTRHOPOS; la femme, GUNÊ; la terre, GÊ, et successivement tous les objets qui frappaient les sens *d'après des apparences*, *des opinions*, *des préjugés*, *des erreurs communes à tous ceux qui travaillaient à cette même langue*. Je dois avouer, en historien fidèle, qu'il se rencontra quelques difficultés à saisir et à nommer les choses morales, qui n'existent que dans la pensee; mais, vous le savez, lecteur : *labor improbus omnia vincit*, et la langue d'Homère, de Demosthènes et de Xénophon fut créee riche et expressive.

A Rome, ils aperçurent un animal, *et sentant le besoin d'un mot*, ils prononcèrent EQUUS *comme le plus propre à représenter cet animal qu'ils voulaient faire connaître*. C'est ainsi qu'ils nommèrent la mer ÆQUOR; le ciel, COELUM; l'homme, VIR; la femme, MULIER; la terre, TERRA; et successivement tous les objets qui frappaient les sens *d'après des apparences, des opinions, des préjugés, des erreurs communes à tous ceux qui travaillaient à la même langue*, et la langue de Ciceron, d'Horace et de Virgile fut créee harmonieuse et féconde.

A Paris, ils aperçurent un animal, *et sentant le besoin d'un mot*, ils le nommèrent CHEVAL, *comme le plus propre à représenter cet animal qu'ils voulaient faire connaître*. C'est ainsi qu'ils inventèrent les noms de MER, de CIEL, d'HOMME, de FEMME etc. et successivement de tous les objets qui frappaient les sens, *d'après des opinions, des préjugés, des erreurs communes à tous ceux qui travaillaient à la même langue*, et la langue de Bossuet, de Fénélon, de Racine et de Châteaubriand, fut créée majestueuse.

A Londres, ils aperçurent un animal, et sentant le besoin d'un mot ils prononcèrent **HORSE**, *comme le plus propre à représenter cet animal qu'ils voulaient faire connaître*. C'est ainsi qu'ils nommèrent la mer, **SEA**; le ciel, **SKY**; l'homme, **MAN**; la femme, **WOMAN**; la terre, **EARTH**; et successivement tous les objets qui frappaient les sens *d'après des apparences, des préjugés, des opinions, des erreurs communes à tous ceux qui travaillaient à la même langue*, et la langue siflante de Pope, de Milton et de Johnson fut créée.

Nous venons de vous initier, lecteur, aux mystères du langage révélés par le philosophisme. Si, contre toute attente, la lumière n'a pas éclairé votre intelligence, si la persuasion n'a pas touché votre cœur, si la conviction ne s'est pas emparée de votre esprit : n'en soyez pas plus affligé que surpris. Pour comprendre la langue sacrée de l'hiérophante qui présidait aux Eleusinies, il fallait avoir passé par le noviciat et l'initiation. Or, le philosophisme a son langage sacré, et il n'est donné qu'aux novices d'en pénétrer le sens, ou plutôt de croire d'inspiration. Et peut-être n'êtes-vous pas un novice, et peut-être encore ne serez-vous jamais initié, grâce à Dieu. Vous ne comprenez pas *les accens de chaque sentiment*, bagatelle; vous n'entendez rien *aux couleurs de l'analogie de l'organe de l'ouïe avec les autres sens*, qu'importe? Vous croyez en Dieu, plutôt qu'en Condillac, libre à vous. Mais les docteurs du nouveau systême perfectionné du langage ne vous admettront jamais comme un novice; jamais enfin vous ne ferez partie de la classe des adeptes; car avec Condillac, c'est comme avec notre professeur Lerminier, c'est à prendre ou à laisser; mais comme leur philosophie repose sur des principes privés de sanction, * il faut avec eux un dé-

* La morale qui n'est pas sanctionnée par la croyance des récompenses et des peines de l'autre vie, n'est qu'une vaine théorie, un préjugé vulgaire, qui n'oblige pas léga-

vouement aveugle, une foi plus inébranlable que celle du charbonnier.

---

lement la conscience. Une loi que l'on pourrait enfreindre sans encourir aucune peine, serait improprement nommée *loi*, mot qui signifie *lien* : elle serait sans autorité, sans valeur. — Quand le docteur Broussais lui-même a dit *que la double philosophie du dix-huitième siècle a été* FAUSSE ET ABSURDE ; *qu'elle ne pouvait point être autre chose :* il a exprimé une grande vérité que proclame le dix-neuvième siècle. — Quand Voltaire a dit :

Je vois sans m'alarmer l'éternité paraître,
Et je ne puis songer qu'un Dieu qui m'a fait naître,
Qu'un Dieu qui sur mes jours versa tant de bienfaits,
Quand mes jours sont éteints me tourmente à jamais.

Il brisait les liens de la morale; mais il en avait reconnu toute la puissance quand il avait dit que l'existence de Dieu

Est le sacré lien de la société,
Le premier fondement de la sainte équité,
Le frein du scélérat, l'espérance du juste.
Si les cieux, dépouillés de leur empreinte auguste,
Pouvaient cesser jamais de le manifester,
Si Dieu n'existait pas, il faudrait l'inventer.
Que le sage l'annonce et que les rois le craignent.
Rois, si vous m'opprimez, si vos grandeurs dédaignent
Les pleurs de l'innocent que vous faites couler,
Mon vengeur est au ciel; apprenez à trembler.

Voltaire en laissant ainsi son imagination donner un démenti à sa raison, à sa conscience, était *faux* et *absurde*.

Oui, le dix-huitième siècle fut un siècle de lumière et de progrès.* Qu'étaient

---

S'il y a un *vengeur* au ciel, il ne devait voir *sans s'alarmer* l'éternité paraître, qu'avec la conviction de ne jamais avoir enfreint la loi de Dieu.

Dieu doit venger sa cause et punir les pervers.

* Le temps, ce mouvement des vagues dans la mer sans rivages de l'éternité, le temps a fait marcher les connaissances physiques, mais si l'on en excepte quelques grandes vérités révélées par le Christianisme au monde, les sciences morales et philosophiques n'ont point fait un pas depuis Cicéron, cet écho romain de la sagesse des Héllènes! Si nous laissons de côté les vérités révélées, que nous dira M. Lerminier qui n'ait été mienx dit il y a dix-huit siècles dans les écoles de la Grèce? A-t-il quelque chose à nous apprendre sur Dieu et ses attributs, sur l'homme, sur sa nature, sa destination, son origine, sur la matière et sur l'intelligence, sur le temps et sur l'espace, sur la vie et sur la mort, sur le vice et sur la vertu? Parle-t-il mieux de la morale que Socrate, de la dignité et de la puissance humaine que les philosophes du Portique? Non, ce sont les mêmes préceptes dépourvus de sanction, les mêmes principes, les mêmes phrases; et c'est cette science stationnaire depuis dix-huit siècles, cette science qui s'est arrêtée dans le passé, qu'il veut nous donner pour guide vers l'avenir!

Études littéraires de M. Netment.

Quand nous voyons la haute raison de M. Netment destinée à lutter contre les extravaguances philosophiques, il

Homère et Socrate, Démosthènes et Cicéron, comparés à Voltaire, à Didérot, à Helvétius, à Rousseau; à M. Heine, ce moderne philosophe, qui vient débiter en France les impiétés proscrites en Allemagne; à notre professeur, Lerminier, qui veut bien par nécessité tolérer le Christianisme....... Moïse a-t-il jamais rien inventé de comparable à la Pucelle et à la Religieuse? Les prédications des apôtres valaient-elles les leçons de M. Lerminier?

Quand nous avons dit que le nouveau fabricateur des langues avait été applaudi par le philosopisme matérialiste, nous n'avons entendu désigner que la gent moutonnière *servum pecus*, puisque le grand apôtre de Genève brise d'un seul mot l'absurde système du linguiste, en publiant *qu'il était convaincu*, lui oracle fameux, *de l'impossibilité presque dé-*

nous semble voir un homme grave et sensé aux prises avec un fou ou avec un charlatan qui serait chargé par le maire d'une ville de l'instruction de ses adminitrés sur la place publique.

montrée que les langues aient pu naître et s'établir par des moyens purement humains.

Mais ces philosophes se sont trompés ; le Christianisme s'est trompé. *Depuis des siècles, des préjugés grossiers fermaient les yeux* A TOUT LE MONDE : * et certes, le genre humain serait bien à plaindre, si Condillac n'eût pas inventé son systême de langage d'action. Nous le demandons à tout homme embrâsé de l'amour du prochain ; que serait-il arrivé si Condillac ne fut pas né, ou si une mort prématurée eût éteint cette seconde lumière avant qu'elle eût éclairé *tout le monde* ; le monde serait resté plongé dans les ténèbres ; les préjugés grossiers auraient continué de fermer les yeux à tous les hommes.

Mais Condillac a paru, et avec lui son systême perfectionné du langage ; et je le dirai à la honte du genre humain, les pré-

* Condillac gr. rais. p. 1.

nière courtoise, et c'est cette déférence pour le grand maître qui vous a arraché l'aveu que nous avons précédemment signalé (page 30), et qui démasque toute votre fourberie.

Il était si difficile d'imaginer toutes les rêveries de Condillac, que personne ne s'en est avisé avant lui; et c'est ce qui lui a dicté cette insolite, ou plutôt insolente accusation contre le monde entier, à qui, *depuis des siècles*, des préjugés fermaient les yeux. — Quel est donc le génie supérieur qui ose s'exprimer ainsi? C'est un des missionnaires de cette philosophie absurde du dix-huitième siècle, et dont un homme honorable, de talent et de conscience, a dit:

» On découvre dans ses ouvrages des
» connaissances, un esprit fécond et va-
» rié, mais en même temps le goût
» des systêmes et des paradoxes.........
» Un philosophe de nos jours a fait un
» (esprit de Condillac), où il a mis tout